LA SOLEDAD DEL ÁRBOL

JAIME GIL GARCÍA

LA SOLEDAD DEL ÁRBOL

EXLIBRIC

ANTEQUERA 2025

LA SOLEDAD DEL ÁRBOL
© Jaime Gil García
Diseño de portada: Dpto. de Diseño Gráfico Exlibric

Iª edición

© ExLibric, 2025.

Editado por: ExLibric
c/ Cueva de Viera, 2, Local 3
Centro Negocios CADI
29200 Antequera (Málaga)
Teléfono: 952 70 60 04
Fax: 952 84 55 03
Correo electrónico: exlibric@exlibric.com
Internet: www.exlibric.com

ISBN: 979-13-87707-71-2
Depósito Legal: MA 867-2025

Impresión: PODiPrint
Impreso en Andalucía – España

Nota de la editorial: ExLibric pertenece a Innovación y Cualificación S. L.

JAIME GIL GARCÍA

LA SOLEDAD DEL ÁRBOL

ExLibric

Para ti,
imprevisto lector,
buscador de tesoros,
de palabras…

¡CÓMO VAN A SER MÍOS!

¡Cómo van a ser míos
estos versos,
si no sé ni leerlos
como ellos
querrían ser leídos;
si los digo
con este acento mío
que los ahoga!

Si pudieran hablar, dirían
lo penumbrosas que se escuchan
sus pretendidas notas
en estos labios secos
que nada expresan.
Si pudieran, corriendo irían
a encontrar una voz apuesta,
una voz cuidadosa
que relieve les diera.
¡Ay, pobres versos míos,
siempre en mí,
sin luz!

Aquí los tienes, amigo,
léelos tú,
en voz alta
como una cascada,
o en silencio,
calladamente altos;
haz de ellos tus versos,
sé tú
quien los libere de estas cadenas mías
ya mohosas de tantas edades,
ya caducas de tantos tiempos
atadas a ellas mismas,

donde cada eslabón ansía ser
un océano de blanca espuma desbordada.

I

Hay un temblor de aguas en la frente.
VICENTE ALEIXANDRE

Miradas

A LA DUDA

Bien sabes que en ti escribo,
que en ti velo,
que a la vez que en ti nazco,
en ti muero.

Todo yerro sería
si tu sangre
no empapara mi sangre,
si tu mano
no guïara mi mano,
si tus alas…

Si algún día, por mí olvidada fueras,
oscuridad sin alba yo sería,

mas,
si incuestionablemente te abrazara,
en mí, tú morirías,
y morirían, ¡ay, azul!, mis alas.

EL VUELO DEL VENCEJO

Intentamos tan solo comprender el sentido
del signo que dibuja el pájaro en su vuelo.
JOSÉ PALLARÉS MORENO

Desconoce
el vencejo
la pregunta,

pero encuentra
en el vuelo
la respuesta.

Y TÚ ESTÁS DONDE
NUNCA NADIE ESTUVO

Y tú estás donde nunca nadie estuvo,
adonde nunca nadie accederá.
Secretamente —enteramente tuyo
y enteramente infranqueable—, solo,
en él vives y solo tú lo engendras.
Mas no creas que eres tú el todo,
pues él también te causa y te conforma.

Sois lluvia, fuente, río, mar y nube.
Sois semen, brote, vástago y espiga.

Su luna es tu luna y es su sol
la misma luz que alumbra tus mañanas
que son las suyas. No sois dos ni sois
uno, sois agua y río, sois espiga
y semen, sois principio y sois final
de un culminante verso endecasílabo.

La soledad del árbol

El árbol
echa en falta los besos en sus labios.

La brisa,
como un ángel, lo acuna y lo abandona.
El viento,
como un dios, lo desnuda y lo fustiga.
La lluvia,
como un consuelo, en él se vuelve llanto.

El árbol
echa en falta los besos en sus labios.

ADÓNDE

Ando torpemente y solo,
sin saber adónde ir.

Si al menos supiese ir…,
solo ir, sin un *adónde*.

Ando torpemente y solo.

VIVIR EL INSTANTE

No quiero saber la hora.
JOSÉ LUIS SAMPEDRO

¿Para qué relojes?
¿Para qué las horas?
¿Para qué los días?

¡Engañoso tiempo
crecido en la espera!

Vivir el instante.
Todo uno el tiempo.
Como sueña el ave
su preciado vuelo:
silencioso, altísimo,
imperecedero.

¿CÓMO HUIR DE MÍ MISMO?

¿Cómo huir de mí mismo,
de volver una vez
y otra vez a lo mismo,
de repetirme siempre
en este no decir
más que lo que ya dije,
sin decir nada nuevo,
nada de un yo distinto,
ajeno ya por fin
a mí?

CAMINAR

caminante, no hay camino,
se hace camino al andar.
ANTONIO MACHADO

¡Oh, cuán difícil es
ir haciendo camino!

Sin huellas que seguir.
Andar por uno mismo
y no perder de vista
el rastro de los siglos.

¡Oh, cuán difícil es
ir haciendo camino!

SABRÁS DE UN HORIZONTE

Solo ayer es ya el ayer,
nada resta salvo el eco,
mas el hoy arraiga en él,
cual copa, la más profusa,
en robusto tronco enhiesto.

Siempre vendrás del *entonces*,
de tu solo tiempo extinto,
mas sabrás de un horizonte
en respuesta a tu denuedo
por el tiempo pretendido.

¿UNA LUZ?

Una luz.
      ¿Una luz?
Como un ala.
        ¡Tan blanca!

Un hálito vivaz
una noche baldía.

Una luz.
      Vino a mí…
como un ala.
        ¡Tan blanca!

Una luz.
      Un instante.
Como un ala.
        ¡Tan blanca!

¿Una luz?

Entro en ti

Entro en tu gruta de silencios solos,
de hondas angosturas.
Entro en tu anchura de trigales jóvenes
sobre fecundos lechos.
Entro en tu templo de elevados vanos
abiertos a las cumbres.
Entro en tu fuente de marmóreas arpas
por el agua esculpidas.

Entro en ti y reconozco mi paisaje.

Mares

AMANECER EN LA PLAYA

Prodigiosa, la mar su esfinge entrega
cálida y desprendida.
Entre olvidadas barcas, corre, fluye
el sabor de la brisa.

Silencio ámbar. Férvido rubor
del alba sin medida.
Hay huellas de gaviotas en la arena,
pisadas confundidas.

El mundo calla: hasta las altas nubes
en su liviana ida.
El horizonte desconoce aún
las lágrimas del día.

EL PRESENTE NO ES MÁS QUE LO PERDIDO

Nada me pertenece
sino aquello que perdí.
JOSÉ MANUEL CABALLERO BONALD

Pasan los días. La intemperie fue
derruyendo trenzados concluyentes.

Sé que la noche incumple las palabras
y que el mar se enfurece en la tormenta.

Hasta lo eterno se disipa; fue
el vuelo de una alondra en la niñez.

El presente no es más que lo perdido.

Hoja entre hojas

Recostado en el ayer,
vigía de este mañana,
aquí, en silencio,
entre las hojas de un libro
de insomnes noches memoria,
presa te encuentro.

De tu letargo has venido
a estas añadas del hoy.
Llegas a tiempo.
Verás los días pasar,
huir como huyen los siglos:
soñando sueños.

LO QUE MI SILENCIO CALLA

Mar, yo soñaba ser como tú eres,
ALFONSINA STORNI

Eres, mar de luz, quien habla
cual espejo azul del cielo
cuando mi recuerdo vaga.

Es tu anchura y es tu calma
lo que hoy mi yo contempla
desde la mayor distancia.

Y es tu voz, serena y clara,
la que en su silencio dice
lo que mi silencio calla.

Tiempos de soledad

¡Ay, negras soledades! ¡Emociones
náufragas, lesos párpados transidos!
¡Algún columpio solitario y todos
los silencios que nunca fueron agua!

¡Ay, negras soledades! ¡Confundida
hojarasca al antojo de los vientos!
¡Mármoles y laureles despeñados
desde ilusorios tronos al abismo!

¡Ay, soledad, donde la luna engendra
esplendorosos monstruos melancólicos
desesperadamente enloquecidos!

¡Ay, soledad! ¡Anticipada muerte!
¡Temores hubo, lágrimas, esperas,
espejos por miradas torturados!

MAR, SI TÚ MAÑANA LLORARAS

Mar, si tú mañana lloraras,
las madreselvas llorarían
y llorarían las mañanas;

y el agua blanca de los ríos,
y del cielo las nubes blancas;

y como lloraran tus labios,
y como lloraran tus lágrimas,
con toda su blanca tristeza
así lloraría mi alma.

ESTE SILENCIO ES OTRO SILENCIO

Este silencio es otro silencio;
es el sapo que crece bajo el lodo,
la pestilencia, la humedad, el asco,
la callada miseria de las horas.

Hay grietas en las rocas que en la noche
estallan como gritos, como manos;
úlceras en las sienes de las bestias
que infectan y gangrenan los adentros.

¡Qué tristes las mañanas sin aurora
huyendo de lo oscuro hacia la noche;
hastiadas sus entrañas de un silencio
que agranda el frío hasta alcanzar la muerte!

DESOLACIÓN

En el miedo recóndito persisten la tortura
y la derrota infames anudadas al cuerpo.
Miradas torvas; ojos sin demora conspiran,
enmarañan imágenes en la noche insalubre.

¡Como pecio en la orilla cansadamente yendo
y viniendo al albur del vaivén de las olas!
¡Como águila herida, su portentoso vuelo
humillado, grotesco sobre toscas aradas!

¡En el miedo recóndito!... ¡En la noche insalubre!...
Entre el futuro angosto y el recuerdo llagado.
No hay vaguadas ni lomas, solo abismo y tiniebla:
un vacío asfixiante, una caverna, un pozo.

TE DAS, MAR...

Te das, mar, sin acaso,
a este acontecer mío
que en tu regazo, siempre,
íntegro, salvo es,
como hoy, aquí, contigo.

Te das, mar, en la suma
espuma de tu ahínco,
ya embravecida, ya
lentamente llegada,
intrépido, abstraído.

Te das, mar, vivo azul...,
inmensurable friso
de altas alas orlado...,
a mi más hondo ser,
a mi azul, por ti, vivo.

Te das, mar, como tierra o madre, sin acaso.

Recuerda aquellos años

Deshaz tu voz gritada entre las peñas,
frente a las aguas, bajo las distantes
cúspides temblorosas de los álamos.
Detén tu paso intrépido sin causa
hacia un último fin desconsolado;
y recuerda…, recuerda sin dolor
la brisa saturada de salitre
sobre tu piel bruñida y anhelante,
las tardes sumergidas en el canto,
los brindis compartidos con delirio,
los brazos por los hombros, las promesas,
las risas y los guiños suspendidos,
las noches complacientes, los adioses,
la resaca y el vómito.

Recuerda aquellos años.

AZUL

Tu nombre hoy, mar, es vida.
JUAN RAMÓN JIMÉNEZ

Rueda el mar majestuosamente *adagio*.
Su presencia destierra soledades.

¡Plenitud de silencio! ¡Leve espuma!
¡Agua y sal sobre arenas remontando!

—Azul. Tu azul. Mi azul, por tuyo, mío.
Íntimo azul.
                    ¡Azul!
                              Un ala cruza
evocando un olvido.
                              Tú, mar mío,
dándote; yo, muriendo, siempre tuyo.

Viento en tu piel, frescor, vivir de nuevo,
aun sin vida, por ti. Luz tuya azul
en cielo azul fundida.
                              Eres tú, mar,
quien, meciendo mi yo, mi yo descubre.

INSTANTE INVICTO
(SOLILOQUIO CON EL PROPIO YO)

Para Miguel Ángel Carillo Cueto

¡Los años pasan tan deprisa!... ¿Acaso
fueron desvelo de algún sueño? Arcas
fueron. Nubes y soles. Voces parcas...,
silencios abocados al ocaso.

Almenas y mazmorras, paso a paso,
arenas fueron. Quedan, sí, las marcas
bajo la piel dolida, las abarcas
exangües, los temores, el fracaso,

algún tiempo sin rostro o tal vez muerte
—un siempre cual un nunca sin un luego—,
y aquel instante al fin invicto: verte,

mirarte y renacerme, ser apego
al pasado, al ahora y a la suerte;
plenilunio en la noche; agua y fuego.

Mundos

Ir

¿No iremos hacia el último final
cómplices de un celado desconcierto;
doctos conocedores de la esencia
de la materia insulsa, lo superfluo;
condenados a ser vulgares dobles
de terciarios actores sin talento;
así, necios, de intrínsecos valores
huérfanos y ataviados de deméritos?

¿Habrá algún hombre, uno solo, alguien
que rectamente avance, sabio, apuesto
de una belleza extrema y evidente,
inusitadamente alto, ubérrimo,
hacia un supremo fin reconocible;
alguien dueño exclusivo de su cetro,
conocedor de la celeste esencia
que en sí es prima, lo único, lo excelso?

Voy con la noche a cuestas

Voy con la noche a cuestas
por calles despreciadas por el tiempo,
entre sombras que surgen de las sombras,
entre gritos ahogados en sus lechos.

Huyo de la llovizna y me refugio
en un portal. Descubro la desgracia
acurrucada en un rincón, la agria
vergüenza de esta realidad con nombre:
apenas un ovillo, un amasijo
de ropas y cartones.

               Torpemente,
algo se mueve y da vida al despojo.

Una mirada áspera me increpa.

Huyo afuera. Me acoge la llovizna
pertinaz de un otoño inacabable.
Me acurruco en mí mismo. Me cuestiono
a mí mismo pregunta tras pregunta.
No hay respuesta, tan solo una vergüenza
ambigua.

Llego a casa y tras de mí
se acerroja una puerta inexpugnable.

Nunca sabrá la noche qué cobijan
sin espanto las grutas de la noche.

tanta muerte tantas veces

a veces me escapaba y conversaba con la luna
a veces una voz me gritaba «sálvate»
kelly martínez-grandal

aquella mañana que quiso ser jubilosa
aquella sorpresa confiadamente cruzada
aquella palabra surgida de entre las dudas
aquella ternura y aquella acritud airada
aquella mirada fingidamente dolida
aquella lujuria al frágil cuerpo robada
aquella venganza supuestamente ofendida
aquella orden y aquella amenaza

aquel silencio

aquellas lágrimas

y aquel abrazo aquellos muslos aquel hastío
y aquella espera aquellas furias aquel abismo

y tanta
tanta muerte tantas veces

ENLOQUECIDOS ENLOQUECEDORES

Enloquecidos enloquecedores,
enloquecidos charlatanes,
enloquecidos araneros,

miserables ególatras,
miserables despojos,
miserables rufianes,

truhanes de la palabra,
truhanes de la verdad,
truhanes de la mentira,

os aborrezco

y hasta vosotros os aborrecéis;
porque os aborrecéis,
sé que os aborrecéis;
porque, vosotros,
tan poderosos,
tan triunfadores,
tan endiosados,
sabéis que no sois más que podredumbre
subastada elocuentemente
en la lonja de la bazofia.

Y porque emponzoñáis con vuestra bilis,
y porque emponzoñáis con vuestras heces,
y porque emponzoñáis con la palabra,

os aborrezco
y os aborrecéis.

Empedernidos enloquecedores,
empedernidos charlatanes,
empedernidos araneros,

depravadosególatras,
depravados despojos,
depravados rufianes,

truhanes de la palabra,
truhanes de la verdad,
truhanes de la mentira,

os aborrezco

y sé que en un futuro no lejano
seréis escoria del pasado.

NUNCA FUE DEL TODO NUESTRO

Nunca fue del todo nuestro.
Fuimos doctos en miserias,
desertores en victorias,
náufragos en soledades.

Nunca fue del todo nuestro.
Ni las libertarias alas
sobre los rostros exhaustos
proponiendo un nuevo edén.

Nunca fue del todo nuestro.
Nadie vino a redimirnos;
nadie en las noches hambrientas
descendido de un alcor.

Nunca fue del todo nuestro,
mas sí el consuelo de ser
tierra, tierra nueva, tierra
por las lágrimas fecunda.

Igual que un ataúd

Este mundo que extinguimos
es hegemónico, igual que un ataúd.
Perdón, inexpugnable, igual que un ataúd.

Cada uno de sus colonos
es hegemónico, igual que un ataúd.
Perdón, inexpugnable, igual que un ataúd.

Y del locuaz vocinglero
que descuella por doquier
y al que todos escuchan,
os digo que también él, tristemente,
es hegemónico, igual que un ataúd.
Perdón, inexpugnable, igual que un ataúd.

Hasta el yo que me encarcela
es hegemónico, igual que un ataúd.
Perdón, inexpugnable, igual que un ataúd.

Para qué seguir si todo lo que veo
es hegemónico, igual que un ataúd.
Perdón, inexpugnable, igual que un ataúd.

Voy a darme una vuelta por otros mundos
a ver si encuentro algo…

LABIOS

De los labios, como un ala, la palabra.
De los labios, como una espada, la palabra.

Serán los labios.
O quizás la boca.
Y habrá un océano imperecedero desbordándose.

La oscuridad abordó la boca y entró en sus aposentos.
Trajo en su faldón cenizas de lluvia,
cúmulos de escombros entre sus manos.

Como si algún corazón quedara sin sangre.
Como si un alacrán recorriera el fondo de los ríos.
Como si la voz fuese... una crin despavorida.

Pero los labios guardan agujas
que clavan en sus entrañas
para no herir la frágil línea de los labios.

Serán los labios.
O quizás la boca.
Y habrá un océano imperecedero desbordándose.

No morirán los versos de la tierra en la tierra.
Ni vendrá la palabra a la boca
para herir la frágil línea de los labios.

Hubo unos labios,
unos labios que hablaron como habla la boca cuando no hiere.
Hubo unos labios,
unos labios que hablaron como habla la frágil línea de los labios.

Hubo unos labios o una boca o una palabra…
y un océano imperecedero desbordándose.

ANTIINDIVIDUALISMO

Cuando todos seamos uno en todos
sin que la aurora niegue tu presencia
en mí, ni mi presencia en aquel otro
cuyos hombros descubre indefensos,
fortalecidos por los hombros todos,
entonces será el tiempo en que la voz
proclame la belleza.

Desprecio mi yo en mí si es en mí solo.
Mi presencia es presencia si es en todos.

¿Qué belleza hay en mí conmigo solo?
La belleza es belleza si es de todos.

SAL A LA LUZ

Sal a la luz
y extiende tus alas
rebosantes de intacta verdad.

Que el mundo contemple
tu vuelo, uno en él,
único entre todos los vuelos
sobre la Tierra.

Sal y desborda de luz,
como sol inagotable,
el vuelo de cada verdad,
el vuelo común de la verdad,
el vuelo imprescindible sobre la Tierra.

Pequeñeces

Posiblemente escribo

Llueve. Posiblemente escribo. Las palabras
insinúan, bosquejan su breve alegoría
sobre un discreto tul que ahora ya me habla.
Hablan ellas de sueños, de olvidos y de lágrimas,
de esos ratos sencillos en los que somos árboles
lentamente creciendo en la nada, en el verso,
en la esperanza siempre,
      o en la risa, la broma,
la amistad, el abrazo...,
      en el culmen de un beso.

Hablan ellas también del abstruso universo,
en un pueril intento de huir de lo inmediato
como las olas huyen del aullido del viento.
Posiblemente escribo, por ejemplo: *Los astros…,*
cómo vagan tan solos, aconteciendo ajenos
a nuestro deambular por estos pagos cansos,
por estos pagos siempre afligidos de amor,
siempre así fascinados, siempre sobrecogidos
por un mañana incierto, esperado y temido.
Tan ajenos a esos ratos, lejos del tedio,
que asientan nuestras vidas, que nos hacen gigantes
y descuellan del resto… tan astroso, tan huero.
Ratos que son estancias, rostros, adioses, cánticos…

Un cierto escalofrío me sorprende. La lluvia
cae con fuerza.
             Las doce. Posiblemente escribo.

ANTE EL ESPEJO

Hay veces que al mirarnos al espejo
nos vemos algo extraños,
algo desmejorados,
como si el yo encontrado
tuviese alguna deuda con el presunto yo.

Otras veces ocurre lo contrario,
que surge un yo inesperadamente
atractivo.
            «¡Soberbio!», proclamamos,
seguros de que ese
sí que es nuestro yo.

No era un poema al uso

He perdido el poema más otoño que he escrito.
No era un poema al uso,
ni siquiera un poema.
Era, eso sí, leyenda de mi alcoba;
una pequeña parte de la nada
por la que hoy cabalga mi existencia
en este tiempo esclavo
en que los sueños huyen,
donde solo pervive la memoria.

Cuando dices

Cuando dices existo
con tus brazos abiertos.
Cuando dices cansancio
con tus hombros maltrechos.

Cuando dices infancia
con tus manos traviesas.
Cuando dices dolor
con tus lágrimas secas.

Cuando dices sonrisa
con tus labios inmensos.
Cuando dices futuro
con tus pasos resueltos.

Cuando dices belleza
con tus ojos prendados.
Cuando dices sosiego
con tu pecho colmado.

Cuando dices olvido.
Cuando dices recuerdo.
Cuando no dices nada.
Cuando dices «Te quiero».

Si mañana pierdo el paladar

Me gusta la miel.
Sí,
me encanta la miel.
Hace que me relama los labios,
que la saboree dulcemente
una y otra vez,
así,
sin pensar
si mañana pierdo el paladar.

DE MADRUGADA

Porque todo concluye, pero nada se calma.
LUIS GARCÍA MONTERO

Desde el sillón de trabajo,
a través de la ventana que abre mi mundo al mundo,
que acerca el mundo a este arcón conventual que ahora soy,
escucho.

Escucho
el sigiloso reclamo de la madrugada,
la única luz del mundo asediando el asfalto,
la oscura elevación a un cielo oculto.

Escucho también
instantes quietos, huidizos;
daguerrotipos abigarrados de un tiempo;
levedades sin mácula;
trazos, volutas, pavesas…,
pequeñeces diseminadas en la inmensidad remota.

No sé si me explico.
¡Me es tan difícil esbozar mi sentir en esta soledad austera,
[plácida, enamorada…!
Posiblemente tú,
en ocasiones como esta,
hayas convertido

en abrazo
en mirada
en disculpa...
en tu más trascendental despedida
la madrugada;
y sepas del rubor intratable de las palabras.

A veces,
en estas íntimas deshoras,
escucho alguna lágrima certera
que brota de la hondura de los tiempos
y cae solitaria a un estanque sombrío.

SIN TI

Mira tus pies enormes de hierba, enormes de aire, enormes de
[tierra;
tus piernas enormes de agua, enormes de viento, enormes de
[tierra;
tus manos enormes de agua, enormes de tierra;
tus manos enormes de fuego, enormes de alas, enormes de tierra;
tu pecho enorme de fuego, enorme de sangre, enorme de tierra;
tu mente enorme de agua, enorme de cielo, enorme de tierra;
tu nombre enorme de agua, enorme de tierra;
tu nombre enorme de fuego, enorme de alas, enorme de tierra.

Mira la vida enorme de tiempo, enorme de mar, enorme de
[tierra;
la vida enorme de fuego, enorme de aire, enorme de tierra;
la muerte enorme de tierra.

Mira tu casa enorme de fuego, enorme de aire, enorme de tierra;
tu casa enorme de tiempo, enorme de agua, enorme de tierra;
tu obra enorme de fuego, enorme de aire, enorme de tierra;
tu obra enorme de tiempo, enorme de mar, enorme de tierra.

Mira tu casa
y mira tu obra,
la obra
del ser más enorme de toda la Tierra,

del ser más portentoso de toda la Tierra,
del ser más poderoso de toda la Tierra,
del ser más dios de toda la Tierra,

y,
finalmente,
mira el agua sin ti,
el aire sin ti,
el fuego sin ti,
el tiempo sin ti,
la tierra sin ti,
enormemente solos,
enormemente nada.

Mira el enorme universo solo, nada,
sin ti.

El salón vacío

La butaca arrumbada en el salón vacío.
Solo quedan paredes, ventanas y rincones…
y un algo íntimamente inclinado al recuerdo.

Aquí fueron sus lágrimas, sus carcajadas locas,
sus pequeñas mentiras, sus disimulos ebrios,
sus secretos, sus bromas y su juventud libre.

De vuestros años solos, silencio y dolor.
                                    ¿Cómo
no percibió su ausencia? ¿Cómo no supo ver
la expresa soledad en vuestros ojos claros?

Ahora, en el vacío que acogió vuestra espera,
os recuerda. Os recuerda y os honra. Siempre
habrá una nueva niñez en su corazón vuestro.

SIN SABERTE

*Existen personas en nuestras vidas
que nos hacen felices por la simple casualidad
de haberse cruzado en nuestro camino.*
LEÍDO EN INTERNET. SIN AUTOR CONCRETO.

Sin saberte
sin pensarte
sin sospecharte siquiera
sin que a mi lado estabas
sin que podías irte

llegaste un día
como nube o lluvia
como noche o día
como brisa
como río
como nieve

y quizás te fueras
sí
y estás
y eres
sin yo olvidarte

sin yo sentirte
sin yo quererte

y desde entonces
siempre.

Ocurrencias..., o, quizás, no

Vivo rodeado...,
o, quizás, no,
de paredes,
de ventanas, de tejados...,
de muebles rectangulares y redondos algunos,
de rejas herrumbrosas,
de veranos e inviernos propios, ajenos, compartidos…,
y de un pañuelito de cielo
al que debo tener derecho...,
o, quizás, no.

Y de muchas o pocas personas con las que suelo compartir mi
[tiempo...,
o, quizás, no.
De muchas o pocas de las cuales
no consigo saber con certitud
si me ven como amigo,
como conocido,
o si ni siquiera me ven.
(Yo tampoco sabría hablar con certitud
sobre mi inclinación hacia muchas o pocas de ellas).
Así es la vida…,
o, quizás, no.

Y de libros,
como este que me habla de amor cuando lo abro y leo…,
o, quizás, no,

Nadie comprendía el perfume
de la oscura magnolia de tu vientre.
Nadie sabía que martirizabas
un colibrí de amor entre los dientes.

Y de insospechados rectángulos dorados, vanos, fríos, pardos…,
o, quizás, no,
en los que leo demasiadas soledades de algunas gentes:
de esa minoría de la humanidad que escribe en Facebook
sobre rejas herrumbrosas que encierran soledades
de esa minoría de la humanidad que escribe en Facebook
(también hablan de veranos e inviernos propios, ajenos,
[compartidos…).
Así es la vida…,
o, quizás, no.

Y de elepés,
como este que me habla de amor cuando lo pongo y escucho…,
o, quizás, no,

Ay, amor mío,
qué terriblemente absurdo
es estar vivo
sin el alma de tu cuerpo,
sin tu latido…,
sin tu latido.

(Ocurrencias que se me ocurren
mientras el tiempo pasa,
o mientras miro la pantalla del portátil,
perfectamente rectangular,
o el pañuelito de cielo
al que debo tener derecho...,
o, quizás, no).

Y de ti,
y de mí,
porque en este siempre o nunca
en que escribo...,
en que lees...,
o, quizás, no,
nos encontramos.

Así es la vida...,
o, quizás, no.

En ti todo retorna

De exuberancia henchido, en ti renaces
y en ti todo retorna.
Penetras en la enorme sala esférica
que tu luz edifica
y enmarcas el espacio de la vida.

Surgen las sombras en tus claridades
precisas: esos monstruos prominentes
que olisquean la tierra deslumbrada
por el blanco clamor de las fachadas.

Todo transcurre: el río que en la noche
levemente eludía su destino,
la cerrada arboleda, el mar, las aves,
la tierra y la semilla germinando.

Y en ti mueres de nuevo: enardecido
óleo por fuegos invadido.
                              ¡Altos
cielos cuidan con mimo tu descanso!
Soledades esperan tu regreso.

Campos de Cádiz

¡Undoso lienzo..., réplica
de una mar, de algún cuerpo!
¡Ancho de norte a sur,
de este a oeste, ancho!

¡Secretas peñas! ¡Hondas
raíces, densas copas!
¡Alas, riscos y olas!
¡Laderas albas, lomas!

Y en tan holgado ruedo,
majestuosos, sin miedo
a la cita del tiempo,
los bravos toros..., cientos:

cenizos, albahíos,
caretos, *coloraos*,
rubios, negros zaínos,
calceteros, *bragaos*…

¡Las cinco de la tarde!
En los campos de Cádiz,
cepas, astas y cante.

Como si fuera un llanto

Siempre hay algún recodo
en las horas de un libro
como un cuerpo desnudo.

Siempre hay alguna sima
en el atlas de un libro
como un grito o desgarro.

Siempre hay algún abril
en el lienzo de un libro
como un festín de luz.

Siempre hay algún crepúsculo
en las aguas de un libro
como un velo rasgado.

Siempre hay algún enigma
en la senda de un libro
como un llegar *adónde*.

Siempre hay alguna lágrima
en la tinta de un libro
como si fuera un llanto.

Sobre la música

Es la nítida gota de rocío
que en el abismo de lo oculto cae
destruyendo el vacío con rotundo
golpe sobre el dormido manto ileso.

Es el íntimo asombro que a su paso
los astros ocasionan en el mundo,
la atronadora fuerza de la mar
del fondo de las rocas emergiendo.

Es la extrema elocuencia del espíritu,
la voz exacta en el exacto tiempo,
la transgresora conversión del medio
en fuente ilimitada de ambrosía.

II

He mirado el hondo río de amplias compactas aguas,
negro metal de la noche, quieto a los ojos, sordo al oído, solo entre frondas
[espesas y oscuras.
ANTONIO CARVAJAL

Refugios

INCIPIENTE RÍO

Desde esta altura enramada,
falto de ti, de ti lleno,
admiro tu paso ágil,
seguro, esbelto.

             ¿De dónde
vienes? ¿Quién eres? ¿Qué anhelas?
¿Qué busca esta savia tuya,
verde, rojiza, incolora?

Ayer, cuando fuiste nube,
vi tus anchísimos hombros
llorar como llora un árbol,
rociarte en límpidas lágrimas
sobre la tierra que ansiabas...
y ser gruta, fuente, vida...

Ahora, frente a mí, nuevo,
nuevamente nuevo en ti,
me conmueves y te exhorto:
anda, corre y adelántate
a ti mismo, hazte enorme,
gusta del vergel que es tuyo
y, nunca colmo, rezúmate,
espárcete, date entero,
y hazte, finalmente, espuma,
alba.

Aquí estaré, siempre niño,
con mis manos deseosas
de ti, de ser nuevamente
agua.

Era octubre

Pero los tiempos cambian,
ya sabemos,
y nos duele tener memoria del olvido.
Juan José Vélez Otero

Era octubre, cuando la lluvia
brotó espontánea y placentera.
Trajo olor a tierra y a paja,
y, también, a tiza y a tinta.

Era octubre entonces el mes
maldito. Traviesos flequillos
columbraban el alborozo
de los cánticos navideños;

y los olivos, y el riachuelo,
y las choperas comenzando
a mostrar su desnudez leve,
y la sierra, pétrea, solemne.

En todo, hasta en el peor silencio,
rebosábamos esperanza
y vivíamos una especie
de conciencia de ser mayores.

Así crecíamos y éramos.
Y así pasaba octubre y era
ya mayo.
             De la vega amiga
la voz llegaba del estío.

En blanco y negro

En esta foto hay mucho color
y una clara sonrisa
difuminada, fija en el recuerdo
impreso y añorante.

¿No ves las ramas..., el redondo sauce…
tan ufano que entrábamos
todos bajo su enorme manto? ¿No
ves los ojos... tan vastos?
¿No ves los recios brazos rodeando
los hombros no cansados?

Sí, así éramos: ¡tan convencidos,
tan dichosos, tan libres!

LA TERNURA DE LAS OLAS

Aún es de madrugada. He venido
solo, a enterrar mis pies en la ternura
de las olas, a hundirme en la profunda
negritud, a esperar aquel azul…

Este mar mío es indescriptible.
Si estuvieses aquí, tu mar sería
otro mar: otro azul, otro silencio,
otro olor exclusivamente tuyos.

Y tuya, la ternura de las olas
enterrando tus pies en la niñez.

Escena en el valle

Abrazo entero el valle verde y ocre,
al igual que a un peluche cuando niño.
Le sonrío, le hablo tan bajito
que solo él escucha mis acordes.

Lo persigo y persigo por senderos
que llevan a la historia de mis siglos.
Corro y salto cantando como un niño,
jugueteando, casi asiendo el cielo.

Los mosquitos asaltan mi paciencia
y se ríen, se ríen de mi hastío.
Por una trocha, alegres, complacidos,
un par de niños miden corpulencias.

AGUA ABIERTA A LAS MANOS

Agua de abismo en los cerrados ojos,
verdes paredes del chilanque pardo
donde las manos encuentran asilo,
JOSÉ ANTONIO GARCÍA AGUILERA

Agua abierta a las manos
desde el ungido lodo,
donde lentas se hunden
en los albores propios.

Agua fugaz y eterna,
transoceánica agua
de precisos verdores,
embeleso del alma.

Agua de mi silencio
en ti siempre abstraído,
restituye a mi piel
la piel pura de niño.

POR LA VENTANA ENTREABIERTA

*Son aquellas pequeñas cosas
que nos dejó un tiempo de rosas
en un rincón,
en un papel
o en un cajón.*
JOAN MANUEL SERRAT

Gorrioncillos por la acera,
ajetreos de las obras
y *aquellas pequeñas cosas*
que todos damos por muertas.

Niños que van a la escuela,
suministros, *amazones*,
alguna sirena… y coches
de aquí para allá sin tregua.

Una paloma de cera,
del Medioevo venida,
que ha plantado, toda altiva,
su perfil sobre el alféizar.

Amapolas, primaveras,
y aquel lugar entre trinos,
eternamente destino,
hecho en mi alma querencia.

Bisbiseos que se cuelan,
sin pedir permiso a nadie,
por la ventana entreabierta.

Cuando yo no esté

Cuando yo no esté,
quedará mi alma
dichosa de ver

las más deslumbrantes mañanas en los ojos de los niños,
y las más hermosas palabras en los labios de los niños,
y las más grandiosas proezas en las manos de los niños.

Cuando yo no esté...,
                        querré vivir
en el alma de todos los niños.

Andares

El bosque

El bosque emerge impenetrable, firme
sobre la tierra próvida y perenne,
arrebatando su tenaz dominio
a la luz.

  —¡Espelunca, abrigo, templo;
  así eres tú: robusta fortaleza!

Me acerco y entro; violo su recóndita
quietud. Una penumbra angosta estalla,
altos fustes descienden de su cúpula,
oblicuas flechas burlan la espesura.
Flotan pavesas, refulgentes ápices.

Solamente el susurro fresco y claro
de las hojas y el trino de los pájaros
advierten los oídos. Rudas rocas,
tal vez esfinges, ciñen los rodales.
Lucen las frondas lacrimosas perlas.

  —¡Así eres tú: recogimiento íntimo,
  justo presentimiento de ser agua!

Fuera, la luz realza la oquedad
sobre los campos. Vigilantes alas
acechan. Cauta espera.
      Una tímida
acequia oculta su silencio y huye.

Derrama el bosque húmedo verdor:
recóndito escenario de pesebre.
Solo la mano puede, en esta tenue
piel, revivir el tacto de sus días.

   —¡Así eres tú: conciencia de ser agua!

¿HABRÁ NIEVES ESTE INVIERNO?

Hay una roca mayúscula entre la ingente maleza,
por espinos protegida del acoso y la torpeza.
Se me antoja ausente, igual que algunos grandes olvidos:
inaprensibles vilanos, yermos paisajes prohibidos.

Sobre su grisácea piel, una avecilla preciosa
de colores destacados: blanco, negro y claro rosa.
Su simpleza se ha esfumado en la mitad de un segundo.
(¿Habrá volado a su nido o habrá partido sin rumbo?).

Frente a mí, siguiendo el río, una estrecha senda pasa.
Verdosa y florida asciende hasta aquella erguida casa
que allá arriba señorea: noble fachada descubre
y vagas volutas traza sobre el lienzo azul de octubre.

El otoño de este año —ventisca, tormenta y lluvia—
ya ha empapado los barbechos. Atrás bordeé una zubia
de undoso caudal servido a las hazas de la vega.
(¿Habrá nieves este invierno y en verano larga siega?).

Voy desandando mis pasos, sin prisa, advirtiendo todo
aquello que fue a la ida obvio y eludido. El lodo
se ha tragado las chirucas y es mi andar premioso y canso.
Ya llego; por fin me acerco al poyete que es descanso.

PAISAJE Y TEMOR

Hay una estrella sola, como alma,
en la enorme espesura del vacío.
Y en lo más alto, también sola,
emerge, en su mitad creciente,
la luna:
luz que apenas descubre los olivos
tan esmeradamente abandonados
en la blancura oblicua.

Cierro los ojos.
Todo es ya firme y claro.

¡Qué soledad tan plena!
¡Qué silencio! ¡Qué espera!

El ahora se adhiere,
con la frialdad secreta del relente,
al paisaje de aquella infancia
que, piedra a piedra, atravesaba,
resuelta, alegre, temerosa,
el río.

¡Cuánto olvido retorna,
de improviso,
a esta triste antesala de un futuro
que rehúyo,
que mi alma advierte inhóspito!

SIN PRISA, POR EL CAMINO

Para Rafael Ruiz Toledo

Junto al camino forman altos chopos
de confidentes labios.
                    Reconfortan
cierto frescor que invita a andar ligero
y un callado existir entre lentiscos
y jaras.

Acodadas las nubes a su cúspide,
aún al sueño entregada, calma y bruna,
así descrita o dibujada, alza
su arrogante escultura, una colina
lejana.

El reloj de una iglesia da las nueve.
Alboroto de trinos y de aladas.
Un viejo almendro amigo y un balate,
ahí apostados, al borde del camino,
me llaman.

Mientras alivio un hambre tempranera,
algún que otro viandante pasa. Hablamos
de las cosas comunes: de la lluvia,
de la guerra y de tanta gente anónima,
cansada.

Solo otra vez, ahíto, con el sol
más alto y bravucón, prosigo lento,
pensativo. Recuerdo el tiempo andado,
la historia de algún verso de vocales
castradas.

¿Dónde el destino?

Viajo en un tren cansado del tedio y de la prisa.
Huye de una ciudad en la que nunca ha entrado.
Va dejando atrás penas y glorias contrariadas,
y se abalanza, solo, sobre el ignoto llano.

Entretenidas nubes acompañan la marcha.
Contrasta su quietud con la vertiginosa
cascada de balizas, de recuerdos y olvidos.
Una rapaz otea sagazmente su sombra.

Diríase que nadie es nadie en el vagón:
así de ensimismados nos contemplan los trigos.
Solo se escucha un sordo traqueteo de hierros;
y un vaivén…, un vaivén que arrulla los sentidos.

Miro el reloj. No logro zafarme del insulso
horario de la vida regalada y vacía.
¿Aprenderé a vivir en un tiempo desnudo,
viniendo como vengo de tan sobrados días?

Alguien habla. Su voz confunde los oídos.
Se levanta y se va.
                    El tren frena. Se para.
¡El andén minucioso!... ¡El altavoz ingrato!...
No sé si será esta mi estación de llegada.

NADA

No quedará ni una sola lágrima.
Nada habrá al fin. Solo arena hastiada
en un planeta sin motivo. Nada.

DECIDIDAMENTE

Voy paseando por una playa abierta,
sin salida, abstraído en lo impreciso.
Está sola, sin nadie, como el mundo.

Un amoroso mar, anclado en el abismo,
se le acerca y la abraza con ternura.
Sonríe agradecida y se estremece.
Hunde mis pies y siento
que soy enteramente ella.

                    Allá,
a lo lejos, la bruma configura
un paisaje deforme, acariciado
por el pulcro planeo de las aves.
Algún que otro velero luce sus firmes mástiles
anclado en el abismo.
Un sol lánguido apenas asoma tras las nubes;
próximo ya a su ocaso, henchido de recuerdos,
calmosamente avanza hacia su propio olvido.

Mis pies, ajenos al deseo, siguen
el rastro omnipresente del asfalto.

Sí, decididamente,
mañana será un hermoso día
para seguir soñando.

Índice